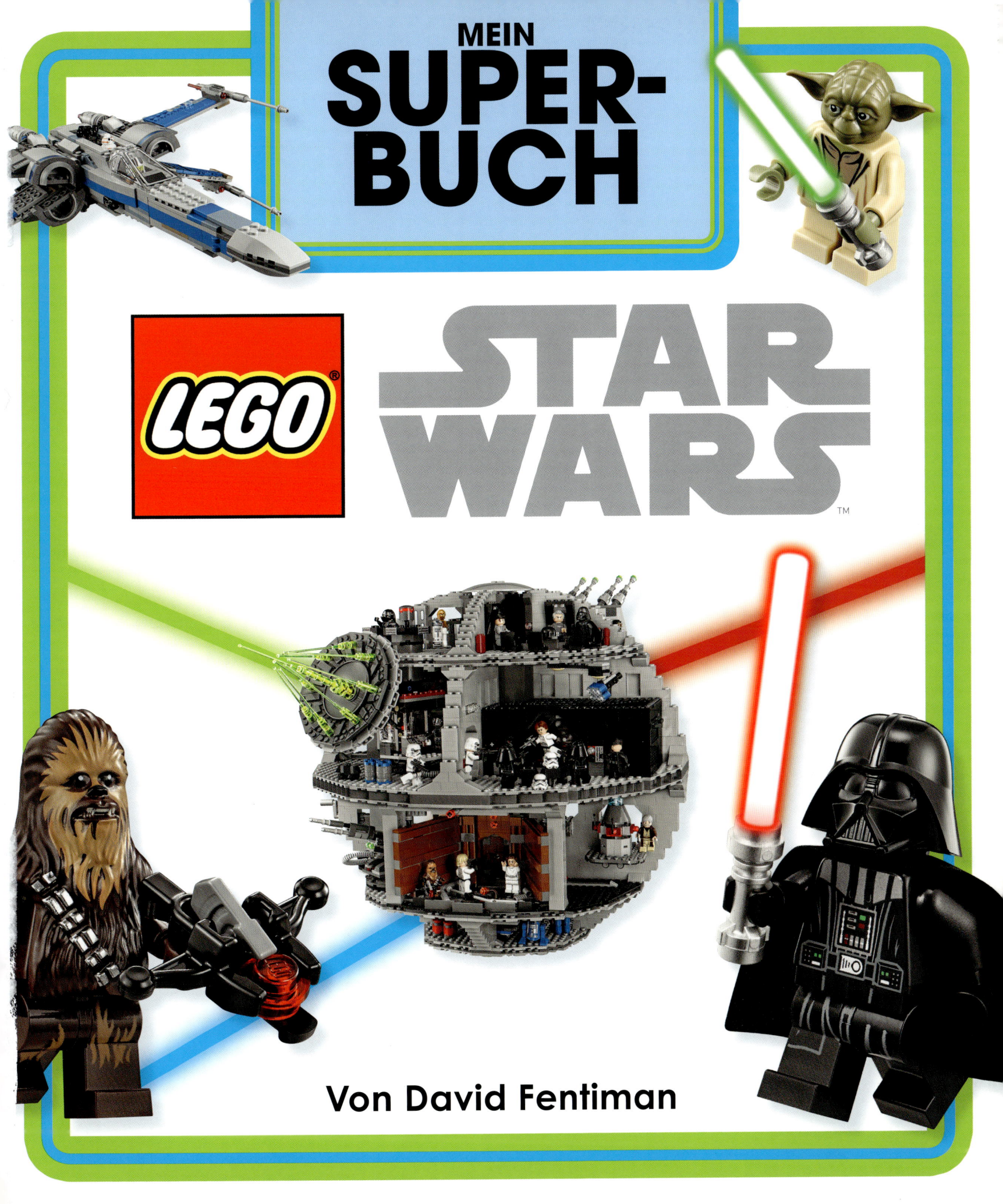

Einleitung

Kennst du die Ewoks und den mächtigen Todesstern des Imperiums? Bist du je den tapferen Jedi-Rittern begegnet oder einem wilden Rancor? All das und noch viel mehr erwartet dich in diesem Buch. Willkommen in der LEGO® *Star Wars*™ Galaxis!

Aufgepasst! Auf vielen Seiten kannst du spannende Fragen beantworten.

INHALT

Jedi-Meister..............4	Gierige Gangster...26
Finstere Sith.............6	Sternenjäger...........28
Coole Aliens.............8	Kopfgeldjäger........30
Bedrohliche Droiden................10	*Millennium Falke*.....32
Planet Tatooine.......12	Läufer....................34
Anakin Skywalker....14	Planet Hoth............36
Irre Kreaturen..........16	Luke Skywalker.......38
Das Imperium.........18	Rebellische Rey......40
Sturmtruppen.........20	Erste Ordnung........42
Rebellenallianz.......22	Tapferer Widerstand............44
Darth Vader............24	Quiz.....................46

JEDI-MEISTER

Yoda
Meister Yoda ist der weise Anführer der Jedi und viele Hundert Jahre alt. Wie alle Jedi-Ritter nutzt er die Macht, eine geheimnisvolle Energie.

Jedi-Robe

Grüne Haut

Spitze Ohren

Mace Windu
Mace Windu ist einer der mutigsten Jedi-Meister. Mit Yoda führt er die Jedi an. Die Macht verleiht ihm große Stärke.

Lila Lichtschwert

Obi-Wan Kenobi

Obi-Wan war einmal Qui-Gons Schüler. Nun bildet der fürsorgliche und weise Jedi-Meister selbst einen Schüler aus: Anakin.

Klappe die Seite auf!

Hast du meinen Schüler gesehen?

Piloten-Headset

Blaue Klinge

Darth Sidious

Der Anführer der Sith heißt Darth Sidious. Der listige Bösewicht will die Jedi besiegen und über die Galaxis herrschen.

Machtblitze aus den Fingerspitzen

Vernarbtes Gesicht

Haupthörner

Lichtschwert mit Doppelklinge

Darth Maul

Darth Maul ist Sidious' erster Schüler. Er ist Furcht einflößend, hat Hörner auf dem Kopf und spitze Zähne.

Qui-Gon Jinn

Qui-Gon Jinn ist ein fähiger und furchtloser Jedi. Yoda sorgt sich aber, weil er manchmal zu unbedacht handelt.

Wenn du ein Jedi wärst, welche Farbe hätte dein Lichtschwert?

Anakin Skywalker

Einige halten Anakin für den stärksten Jedi aller Zeiten. Er ist zwar sehr stark in der Macht, hat aber seine Gefühle nicht immer im Griff.

Narben

Jedi-Mantel

FINSTERE SITH

Sith-Umhang

Darth Vader
Der mächtige Darth Vader hat mechanische Arme und Beine. Er trägt einen Helm mit Maske und ist Darth Sidious' letzter Schüler.

Helm mit Maske

Mechanischer Arm

Welchen **Sith** findest du am **gruseligsten?**

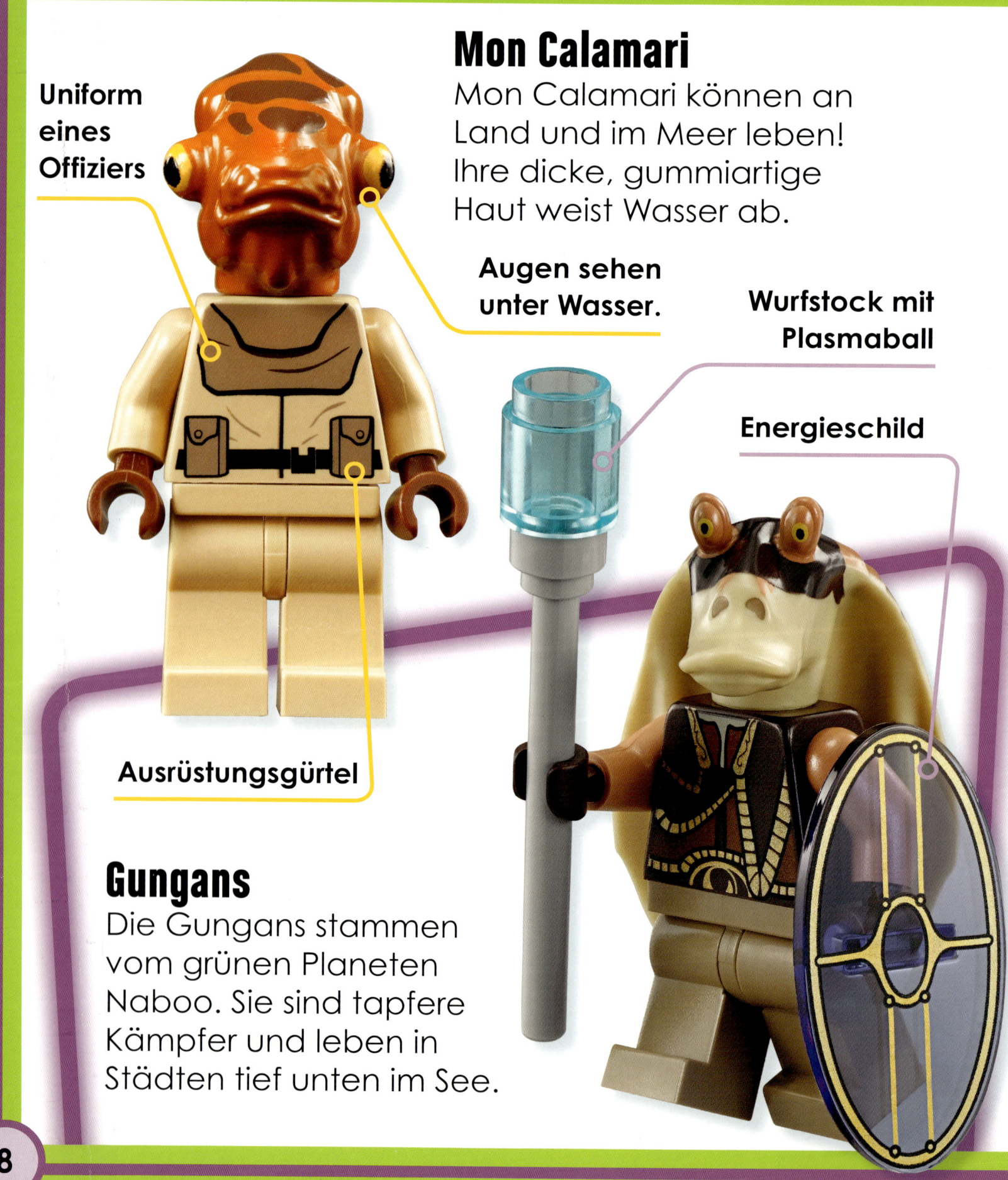

Uniform eines Offiziers

Mon Calamari
Mon Calamari können an Land und im Meer leben! Ihre dicke, gummiartige Haut weist Wasser ab.

Augen sehen unter Wasser.

Wurfstock mit Plasmaball

Energieschild

Ausrüstungsgürtel

Gungans
Die Gungans stammen vom grünen Planeten Naboo. Sie sind tapfere Kämpfer und leben in Städten tief unten im See.

BEDROHLICHE DROIDEN

Blaster

Kampfdroide
Kampfdroiden sind nicht sehr schlau, aber einfach und günstig zu bauen.

Roboterbeine

Fotorezeptor als Auge

Droideka
Droidekas haben mit ihren Blastern alles genau im Visier. Sie können sich zu einer Kugel einklappen und schnell auf ihr Ziel zurollen.

Einklappbare Beine

COOLE ALIENS

Schnell flatternde Flügel

Klappe die Seite auf!
Willst du mehr über Ewoks wissen?

Vorstehende Stielaugen

Schallblaster

Geonosianer
Geonosianer sehen aus wie riesige Insekten. Sie leben in Stockkolonien und sind gut darin, Droiden zu bauen.

Panzerhaut

Ewoks

Ewoks leben in Stämmen auf dem Waldmond Endor. Sie sehen süß aus, sind aber mutige Jäger.

Kleidung aus Leder

Schädel eines Vogels als Kopfschmuck

Im Alter ergrautes Fell

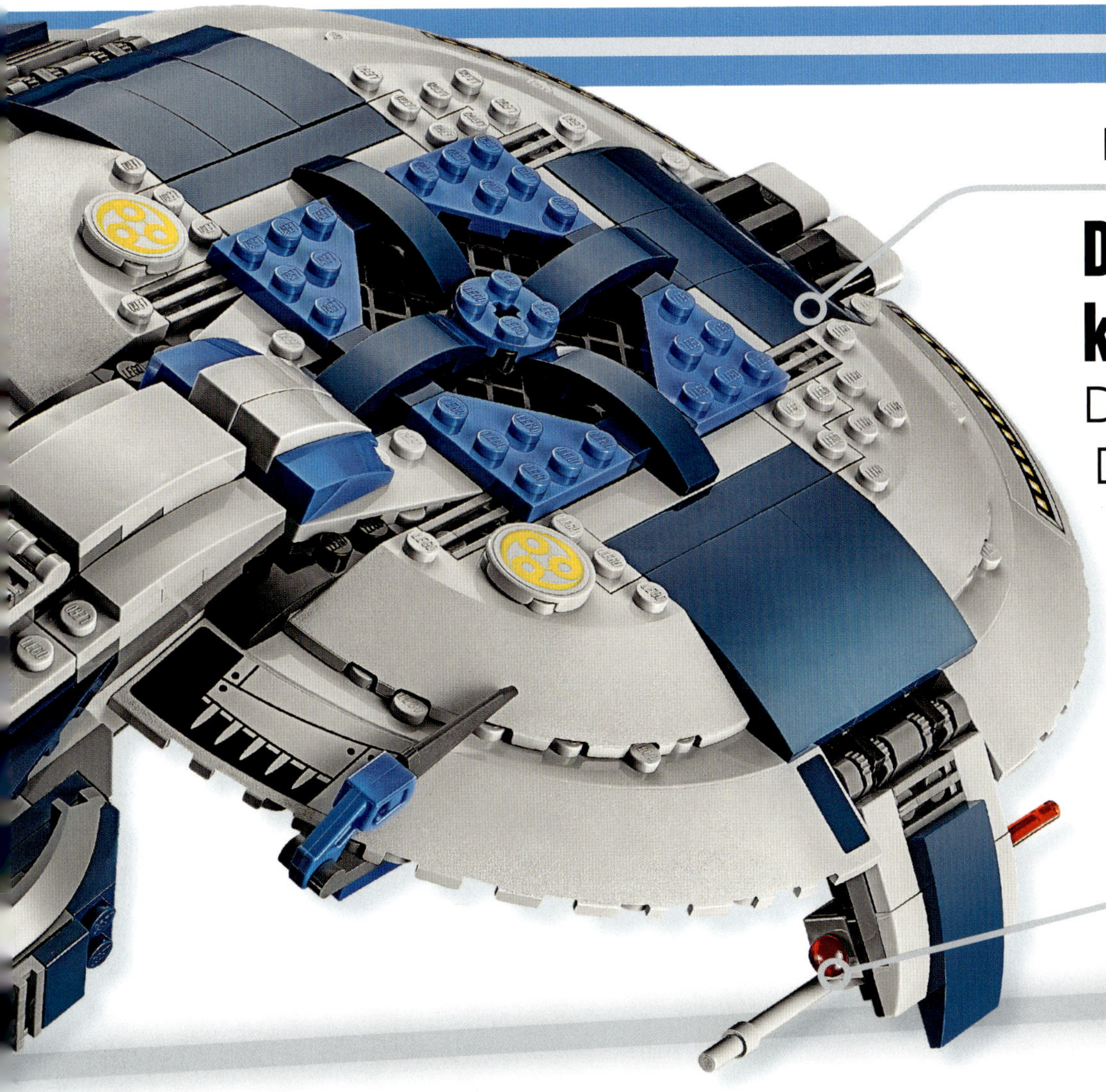

Runder Rumpf

Droiden-kanonenboot

Diese schnellen Droidenschiffe fliegen über die Jedi hinweg und zielen mit Raketen.

Raketen-werfer

Antenne

Panzerdroide

Diese Droiden sind große, schwere Kampfmaschinen. Ihre Panzerung schützt sie vor Blastern und Raketen.

Ketten-antrieb

Schwerer Blaster

PLANET TATOOINE

Jawa
Jawas sind kleine Wesen, die auf dem Wüstenplaneten Tatooine leben. Sie suchen in den Dünen nach Schrott, den sie zu Geld machen können.

Leuchtende orange Augen

Ionenblaster zum Lahmlegen

Jawa-Sandkriecher
Jawas fahren in riesigen Kettenfahrzeugen durch die Wüste. Dank breiter Fahrwerke bleiben sie nicht im Sand stecken.

Gaffi-Stock genannter Kampfstab

Greifer für Schrott

Aufklappbare Rampe

Was würdest du gern aus altem **Schrott bauen?**

Tusken-Räuber

Tusken-Räuber sind Wilde. Sie tragen gruselige Masken und stürzen sich auf jeden, dem sie begegnen.

ANAKIN SKYWALKER

Wenn ich groß bin, will ich Jedi werden!

Klappe die Seite auf!

Junger Anakin
Anakin wächst auf Tatooine auf. Er arbeitet für Watto, einen fiesen Schrotthändler. Anfangs ahnt er nicht, dass er Machtkräfte hat.

Steuerhebel

Anakins Podrenner
Anakin baut sich für ein großes Rennen einen eigenen Podrenner aus Ersatzteilen. Dort schlägt er alle anderen Piloten und gewinnt!

Zwei Triebwerke

C-3PO

Anakin ist gut darin, Maschinen zu bauen. Er baut den klugen Droiden C-3PO, damit er seiner Mutter hilft.

Was für einen Droiden würdest du bauen?

Fotorezeptor als Auge

Ladebuchse für Energie

Goldene Hülle

Luftschaufeln

Cockpit

Astro-mechdroide als Kopilot

Gelbe Lackierung wie beim Podrenner aus Kindertagen

Anakins Sternenjäger

Als Jedi hat Anakin seinen eigenen Sternenjäger. Es handelt sich um einen schnellen Jedi-Abfangjäger.

Padawan Anakin

Anakin verlässt Tatooine und wird ein Jedi-Schüler. Als Padawan lernt er viele Jahre lang von seinem Meister Obi-Wan Kenobi.

Piloten-Headset

Jedi-Tunika

Jedi Anakin

Am Ende besteht Anakin die Prüfungen und wird zum Jedi-Ritter. Er ist an vielen Einsätzen zum Schutz der Galaxis beteiligt.

IRRE KREATUREN

Tentakel packen die Beute.

Sarlacc
Diese riesige Kreatur lauert eingegraben in Tatooines Wüstensand. Alles, was ihrem Maul zu nahe kommt, wird verschlungen!

Spitze Zähne halten die Beute fest.

Stielauge

Dianoga
Das Dianoga sieht aus wie ein Krake. Es lebt im Müll und greift mit langen, klebrigen Tentakeln nach Futter.

Scharfe Zähne

Rancor

Der schreckliche Rancor ist ein Haustier von Jabba dem Hutt. Er haust im Keller von Jabbas Palast und ist immer hungrig!

Große Krallen

Schlüssel des Rancor-Käfigs

Stock zum Bändigen des Rancor

Malakili

Malakili ist der Wärter des Rancor. Jeder hält den Rancor für ein Monster, aber Malakili liebt ihn.

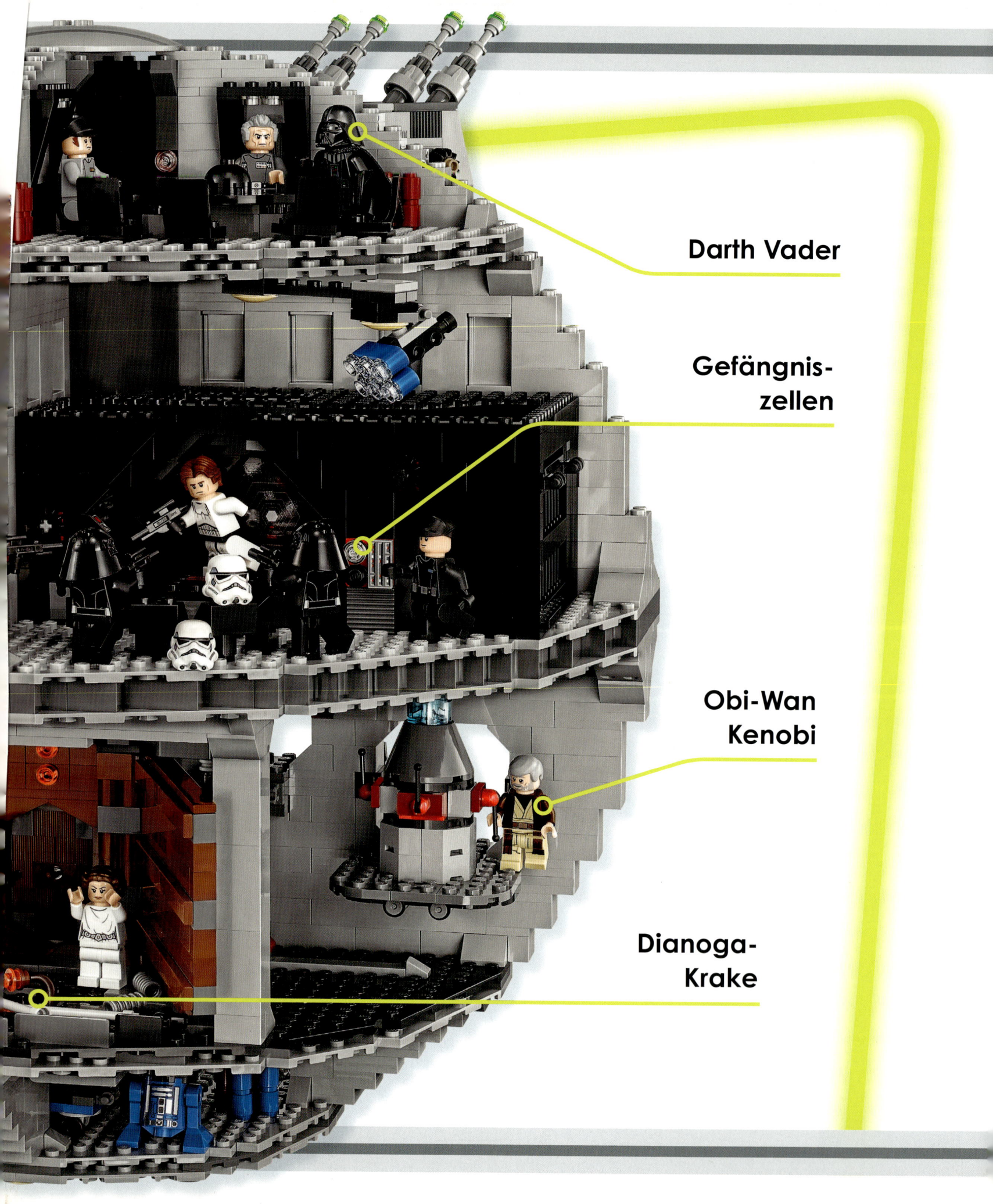

Darth Vader

Gefängnis-
zellen

Obi-Wan Kenobi

Dianoga-Krake

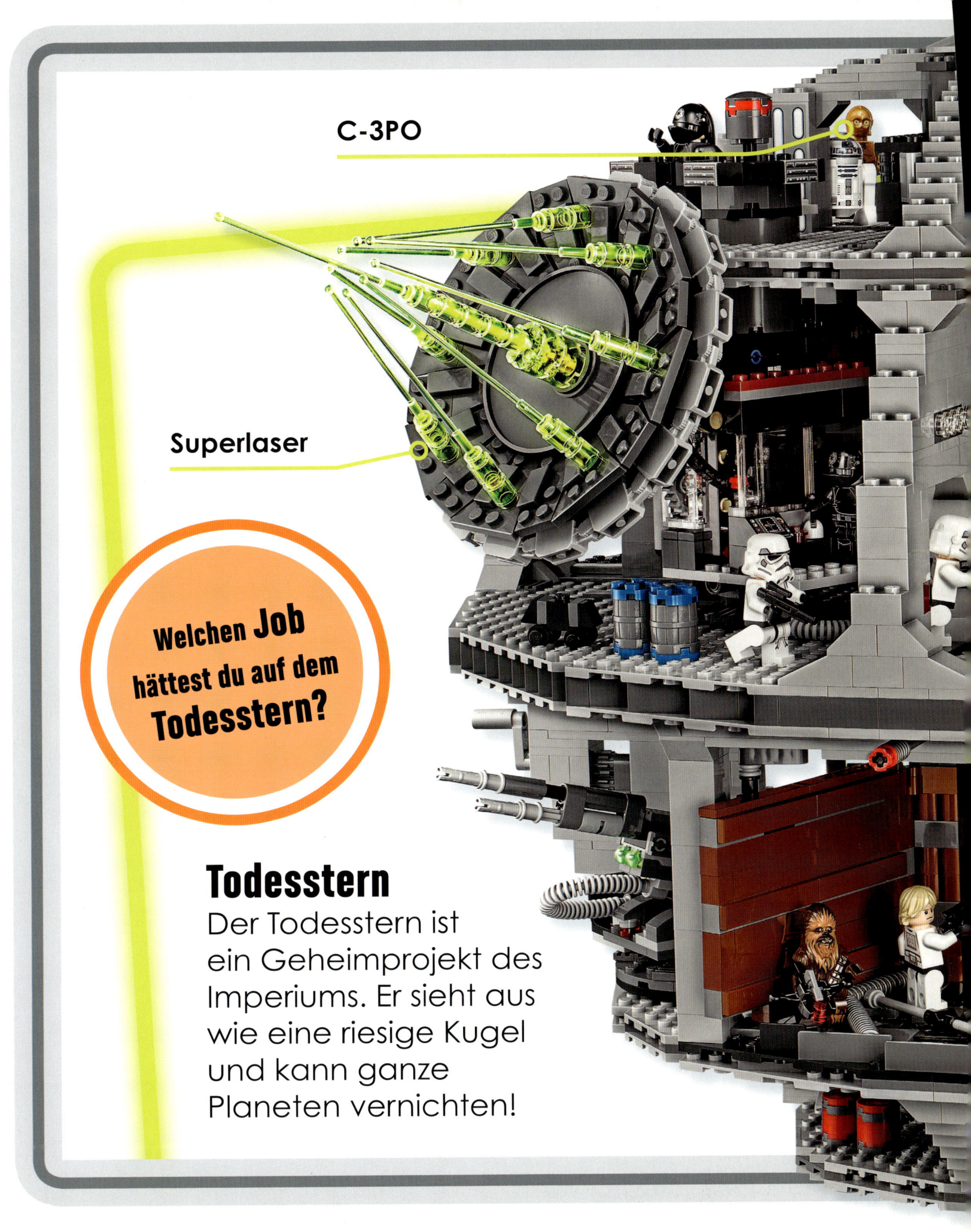

C-3PO

Superlaser

Welchen Job hättest du auf dem Todesstern?

Todesstern

Der Todesstern ist ein Geheimprojekt des Imperiums. Er sieht aus wie eine riesige Kugel und kann ganze Planeten vernichten!

Der Imperator
Der listige Imperator hat die Herrschaft über die Galaxis an sich gerissen. Keiner weiß, dass er in Wahrheit der böse Sith-Lord Darth Sidious ist!

Langes, dunkles Gewand

Energie-pike

Helm mit Visier

Imperialer Gardist
Der Imperator hat seine eigenen Leibwächter. Sie tragen rote Gewänder und schützen den Imperator.

DAS IMPERIUM

Imperialer Flottensoldat
Das Imperium hat eine gewaltige Flotte von Raumschiffen. Auf den Schiffen und dem Todesstern arbeiten diese Flottensoldaten.

Warte nur, bis du den Todesstern siehst!

Klappe die Seite auf!

Schutzhelm

Rangabzeichen

Imperialer Offizier
Imperiale Offiziere führen die mächtige Armee des Imperiums an. Sie befolgen jeden Befehl des Imperators.

STURMTRUPPEN

Sturmtruppler

Sturmtruppler sind Furcht einflößende imperiale Soldaten. Millionen von ihnen stellen sich den Feinden des Imperiums.

Blasterpistole

Die Rüstung schützt auch die Beine.

Scouttruppler

Scouttruppler fahren mit superschnellen Düsenschlitten. Sie kundschaften feindliche Gebiete aus.

Steuerklappen

Wie würdest du vor einem **Scouttruppler** fliehen?

Düsenschlitten

Schneetruppler
Einige Sturmtruppler sind für Einsätze auf Eiswelten ausgebildet. Sie tragen dafür eine spezielle Rüstung, die sie warm hält.

Temperaturregler

Kette von Mon Mothmas Heimatwelt Chandrila

Mon Mothma

Mon Mothma ist die kluge Anführerin der Allianz der Rebellen. Sie gründete sie, um sich gegen das Imperium zur Wehr zu setzen.

General Rieekan

General Rieekan ist ein erfahrener Offizier der Rebellen. Er leitet ihre Basis auf dem Eisplaneten Hoth.

Rebellenuniform

Blasterpistole

Böser Anakin

Darth Vader war einmal der Jedi Anakin Skywalker! Er wurde von Darth Sidious zur dunklen Seite der Macht verführt.

Glaubst du, Anakin kann wieder gut werden?

Gelbe Augen vom Gebrauch der dunklen Seite

Cockpitluke

TIE-Turbojäger

Vader fliegt ein spezielles Raumschiff. Es ist ein TIE-Jäger, der schneller ist und mehr Leistung bringt als die anderen.

REBELLENALLIANZ

Gummiartige Haut

Admiral Ackbar
Admiral Ackbar befehligt die Flotte der Rebellen. Er ist ein Mon Calamari vom Planeten Mon Cala.

Prinzessin Leia
Die mutige Leia stammt vom Planeten Alderaan. Erst spioniert sie heimlich für die Rebellen, später führt sie diese im Einsatz an.

Klappe die Seite auf!

"Ich sah einmal völlig anders aus."

Dunkle Rüstung
Darth Vaders Rüstung hält ihn am Leben. Seine Arme und Beine sind aus Metall und ein Helm verbirgt sein Gesicht.

DARTH VADER

Flügel mit Solarzellen

Vader gegen Obi-Wan
Als Anakin zu Vader wurde, hat Obi-Wan ihn im Duell besiegt. Viele Jahre später treffen sie noch einmal aufeinander.

Der Helm verbirgt Vaders Gesicht.

Alte Jedi-Robe

GIERIGE GANGSTER

Großes Maul

Jabba der Hutt
Jabba der Hutt sieht aus wie eine scheußliche Riesenschnecke. Er führt die schlimmsten Gauner der Galaxis an.

Schleimiger Schwanz

Schnauze

Weste

Greedo
Der fiese Greedo arbeitet für Jabba den Hutt. Er jagt Leute, die Jabba verärgert haben.

Spitze Zähne

Bib Fortuna
Der gemeine Bib Fortuna kümmert sich um Jabbas Palast. Er hat auch bei den Handlangern des Hutts das Sagen.

Lekku genannte Kopftentakel

Brustpanzer

Tasu Leech
Der wilde Gangster Tasu Leech ist Anführer der Kanjiklub-Bande, einer verkommenen Gruppe von Banditen.

STERNENJÄGER

Astromechdroide als Kopilot

X-Flügler
X-Flügler sind die besten Sternenjäger der Rebellen. Sie sind schnell und haben vier starke Laserkanonen.

Laserkanonen an den Flügelspitzen

Cockpit

Sensorkuppel

Mit welchem Sternenjäger würdest du gern fliegen?

Y-Flügler

Y-Flügler sind nicht schnell, aber sehr robust. Sie zielen mit Torpedos auf größere Schiffe.

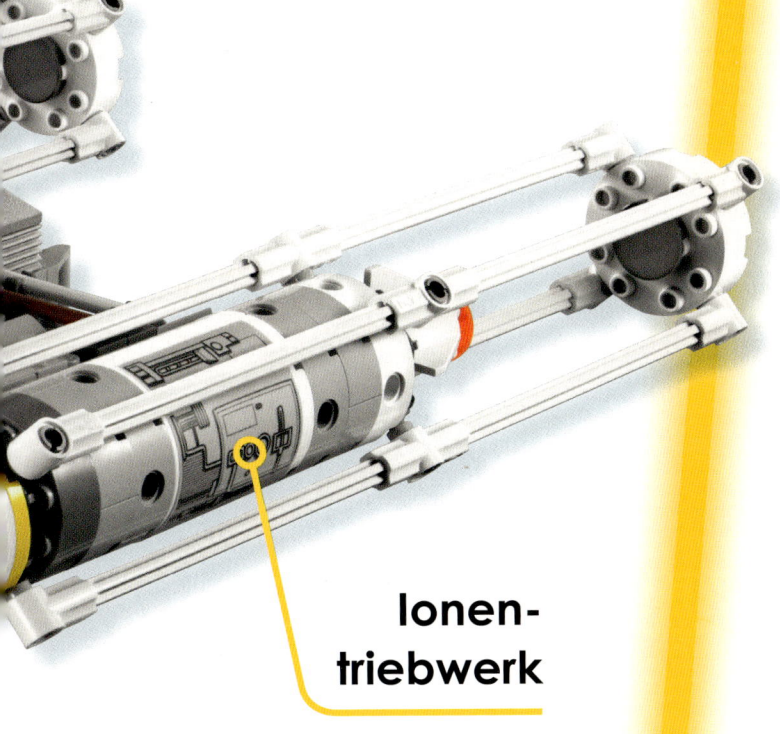

Ionentriebwerk

TIE-Jäger

Diese Jäger werden im Imperium oft eingesetzt. Sie sind schnell und wendig, aber schwächer als die der Rebellen.

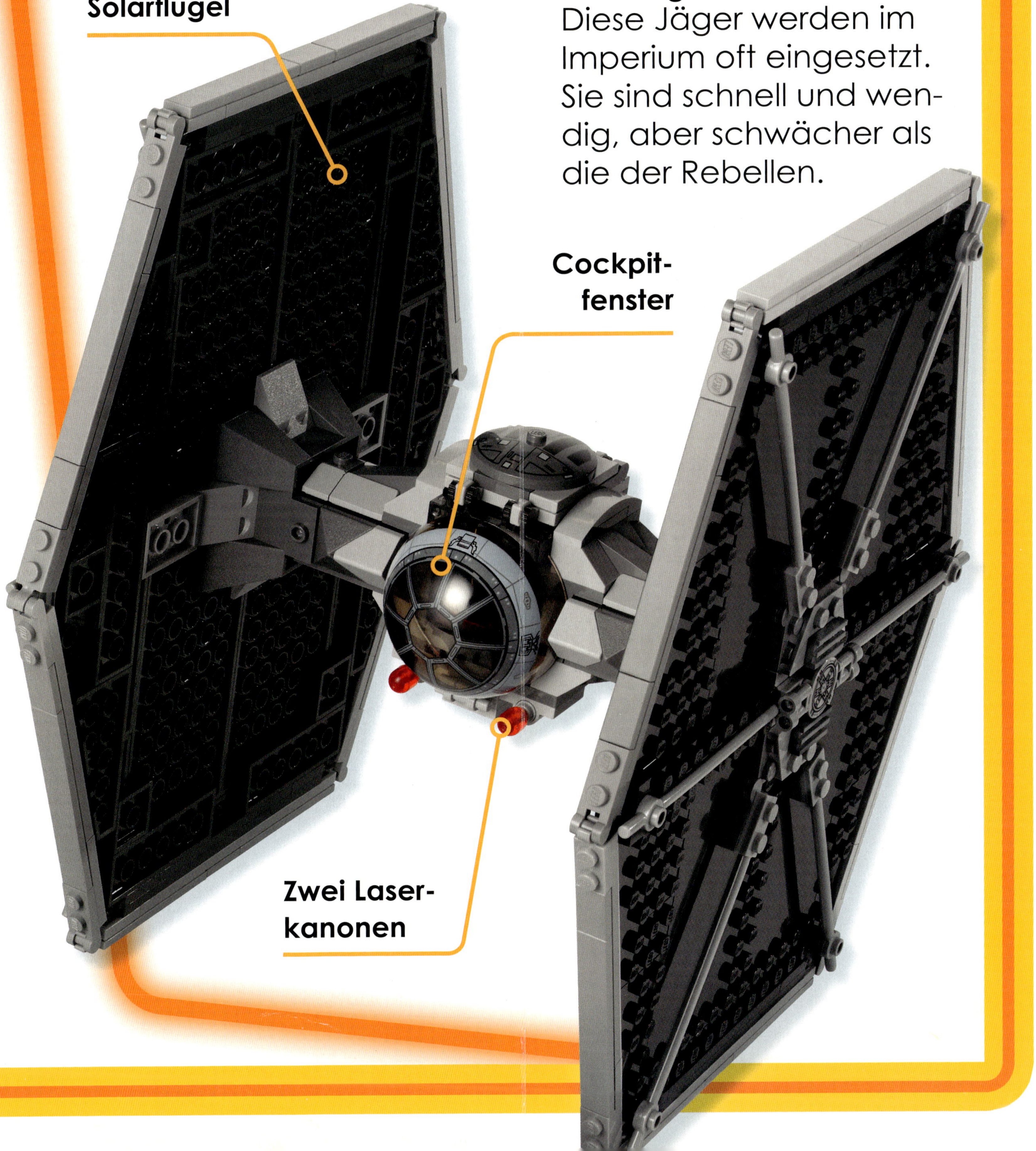

Solarflügel

Cockpitfenster

Zwei Laserkanonen

TIE-Pilot

Imperiale Piloten sind gut ausgebildet und zielstrebig. Es gibt sehr viele von ihnen!

Klappe die Seite auf!

Mein Schiff ist viel schneller!

KOPFGELDJÄGER

Helm vom Planeten Mandalore

Entfernungsmesser

Boba Fett

Boba Fett wurde von seinem Vater Jango ausgebildet. Mit der Zeit wird er zum gefürchtetsten aller Kopfgeldjäger.

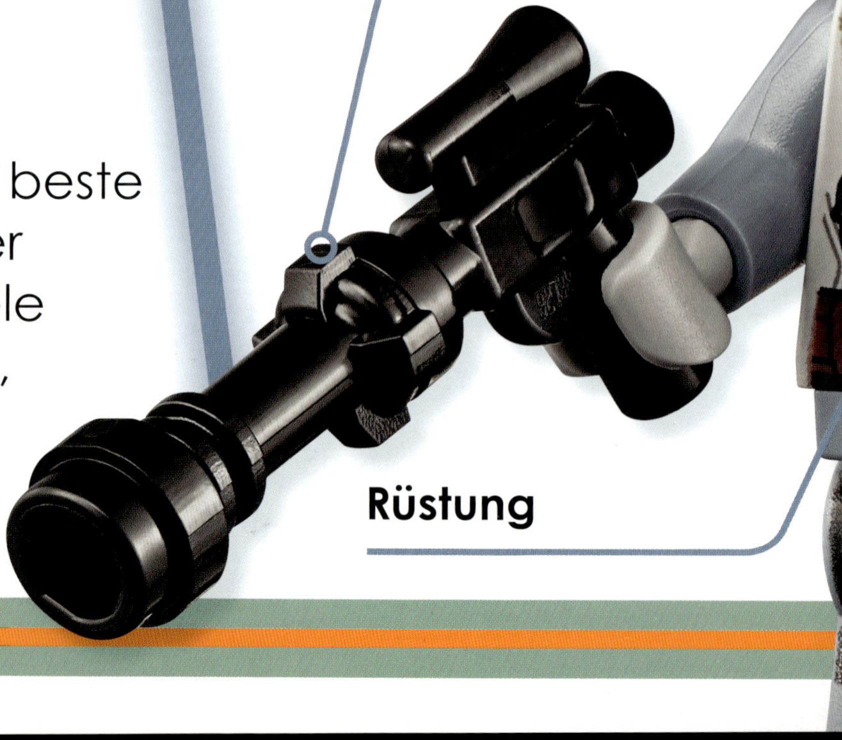

Blasterpistole

Rüstung

Jango Fett

Jango Fett ist der beste Kopfgeldjäger der Galaxis. Er hat viele Hilfsmittel bei sich, die ihm bei der Arbeit helfen.

Scanner

Fotorezeptor als Auge

Langer Droidenkopf

IG-88
Im Gegensatz zu anderen Kopfgeldjägern muss dieser gefährliche Droide weder essen noch schlafen!

Schuppige Haut

Bossk
Der Trandoshaner Bossk ist eine Art Riesenechse. Er ist ein harter Typ, aber auch ehrlich. Was Bossk verspricht, hält er.

Blastergewehr

MILLENNIUM FALKE

Seitliches Cockpit

Raketenwerfer

Legendäres Schiff
Der *Millennium Falke* ist sehr berühmt. Er sieht alt aus, ist aber das schnellste Raumschiff der Galaxis!

Wohin würdest du im *Falken* fliegen?

Lasergeschütz

Han Solo
Han Solo ist der Besitzer des *Millennium Falken*. Er bringt sich oft in heikle Situationen, hat aber ein gutes Herz und ist immer für seine Freunde da.

Lederjacke

Der Körper ist von Fell bedeckt.

Wookiee-Bogenspanner

Chewbacca
Chewbacca ist Han Solos treuer Kopilot. Er ist ein Wookiee vom Planeten Kashyyyk.

LÄUFER

Schwere Kanone

Cockpit

AT-TE
Ein AT-TE hat sechs Beine und oben auf dem Rumpf eine große Kanone. Diese Kampfläufer können sogar Steilwände erklimmen!

Insekten-artige Beine

AT-TE-Pilot
Um ihre Läufer zu steuern, setzt die Republik auf Klonsoldaten. Sie gleichen alle einander.

Klappe die Seite auf!

Hast du mal einen AT-AT gesehen? Die sind riesig!

AT-RT

AT-RTs sind kleine, wendige Läufer mit nur zwei Beinen. Sie hüpfen auch über Hindernisse.

Kommunikationsantenne

Schutz für den Piloten

Laserkanone

Fußgelenk

Welchen **Läufer** würdest du gern **steuern?**

Obere Luke

Starke Beine

Doppelblaster-kanone unten am Cockpit

AT-ST

AT-STs sind kleiner und schneller als AT-ATs. Das Imperium verfolgt mit ihnen Rebellen, die fliehen wollen.

Große Füße für festen Stand

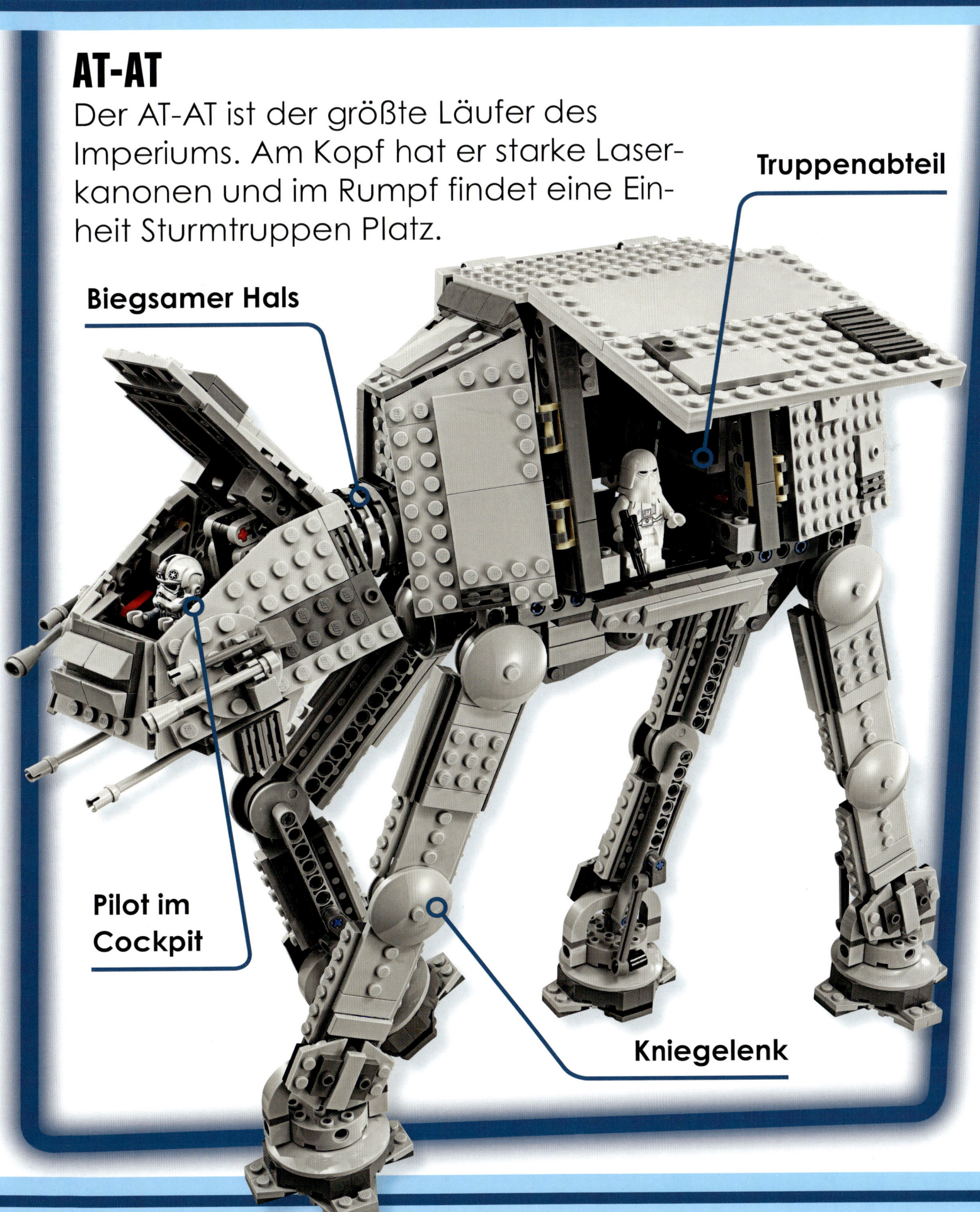

AT-AT

Der AT-AT ist der größte Läufer des Imperiums. Am Kopf hat er starke Laserkanonen und im Rumpf findet eine Einheit Sturmtruppen Platz.

Truppenabteil

Biegsamer Hals

Pilot im Cockpit

Kniegelenk

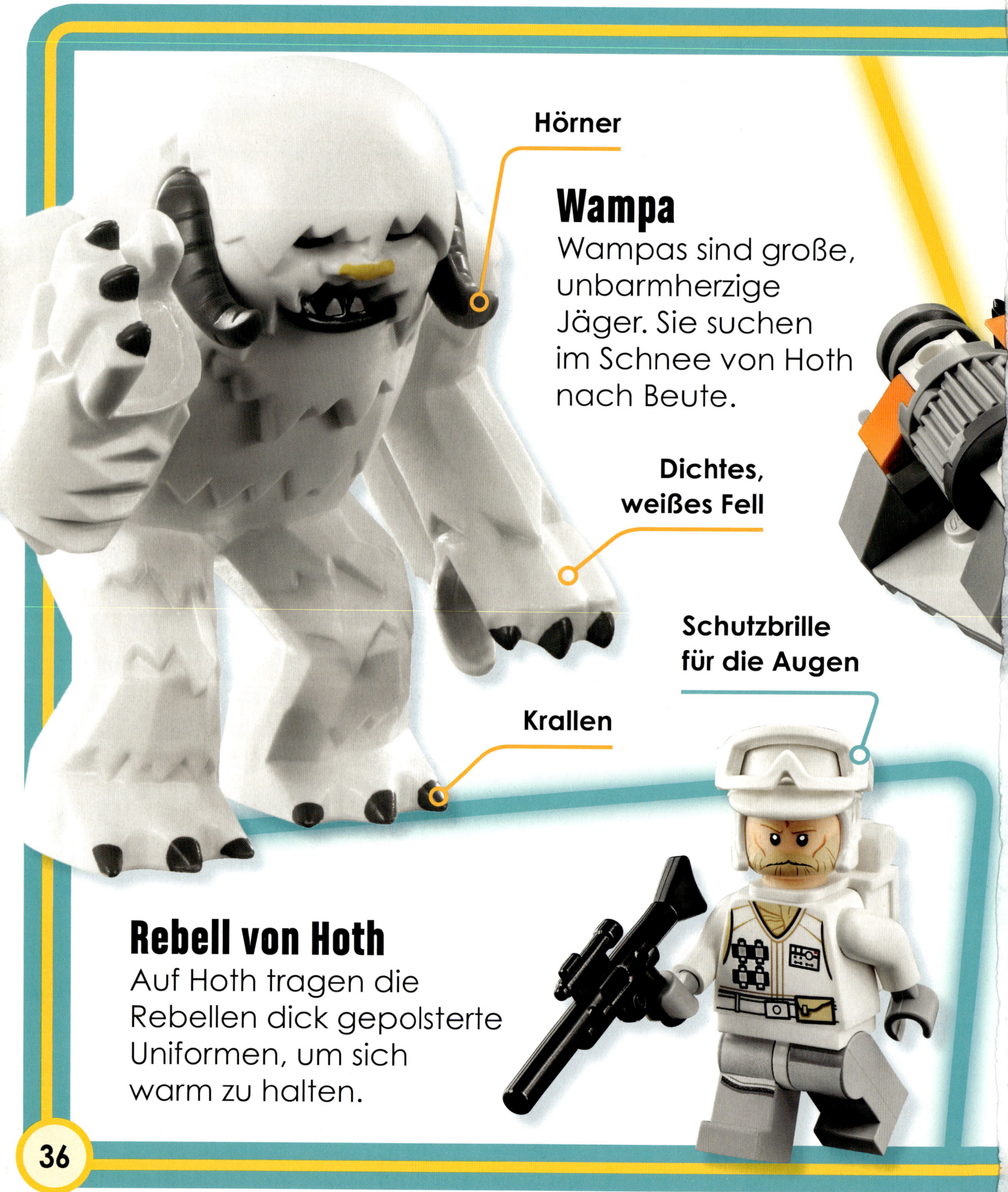

Hörner

Wampa
Wampas sind große, unbarmherzige Jäger. Sie suchen im Schnee von Hoth nach Beute.

Dichtes, weißes Fell

Schutzbrille für die Augen

Krallen

Rebell von Hoth
Auf Hoth tragen die Rebellen dick gepolsterte Uniformen, um sich warm zu halten.

PLANET HOTH

Rebellenpilot

Laser-kanone

Schneegleiter
Die flinken Schneegleiter wurden an das eisige Klima auf Hoth angepasst.

Tauntaun
Nicht alle Fahrzeuge der Rebellen kann man auf Hoth im Schnee einsetzen. Daher reiten die Rebellen auch auf pelzigen Tauntauns.

Sattel zum Reiten

Zügel

LUKE SKYWALKER

Lukes Elektrofernglas

Luke auf Tatooine
Luke wächst auf Tatooine auf. Als er in den Widerstand gegen das Imperium verstrickt wird, schließt er sich den Rebellen an.

Pilotenhelm

Lebenserhaltung

Pilot Luke
Furchtlos fliegt Luke im X-Flügler den Streitkräften des Imperiums entgegen. Er bereitet sogar dem Todesstern ein Ende!

Grünes Lichtschwert ersetzt das verlorene blaue.

Jedi Luke
Nach der Flucht vor dem Imperium von der Eiswelt Hoth sucht Luke Yoda auf. Der weise Jedi-Meister bildet auch Luke zum Jedi aus.

Ausfahrbare Arme

R2-D2
Dieser nette Droide gehörte einmal Lukes Vater Anakin. R2-D2 begleitet Luke bei seinen Abenteuern und hilft ihm gegen das Imperium.

REBELLISCHE REY

Kampfstab

Schrottsammlerin Rey
Rey lebt auf dem Planeten Jakku. Sie sucht in der Wüste nach wertvollen Schrottteilen und tauscht sie gegen Essen ein.

BB-8
Als Rey auf Jakku den verirrten Droiden BB-8 trifft, tun sich die beiden zusammen. Wie sich herausstellt, hat BB-8 geheime Informationen!

Sitz

Werkzeug

Reys Gleiter
Die talentierte Rey hat sich aus Ersatzteilen ihren eigenen coolen Gleiter gebaut.

Luke Skywalkers altes Lichtschwert

Mächtige Rey
Rey findet heraus, dass sie erstaunliche Fähigkeiten hat, und macht sich auf die Suche nach Luke Skywalker. Sie hofft, dass er sie zur Jedi ausbildet.

ERSTE ORDNUNG

General Hux
Die Rebellen besiegen das Imperium, aber es kehrt als die Erste Ordnung zurück! General Hux führt ihre Armee an. Er hat auch ein neues Geheimprojekt, den Starkiller.

Uniform eines Offiziers

Captain Phasma
Captain Phasma hat das Kommando über die Sturmtruppen der Ersten Ordnung. Man erkennt sie sofort an ihrer silbernen Rüstung.

Rey gegen Kylo

Rey benutzt im Duell mit Kylo Luke Skywalkers altes Lichtschwert. Kylos Wut macht ihn sehr stark. Das wird nicht leicht für Rey!

Kylo Ren

Kylo Ren kann sehr gut mit seinem Lichtschwert umgehen. Er will sich nur zu gern Luke Skywalker stellen und ihn besiegen.

Klappe die Seite auf!

Soll ich meine Maske abnehmen?

Maske

Kylos Lichtschwert

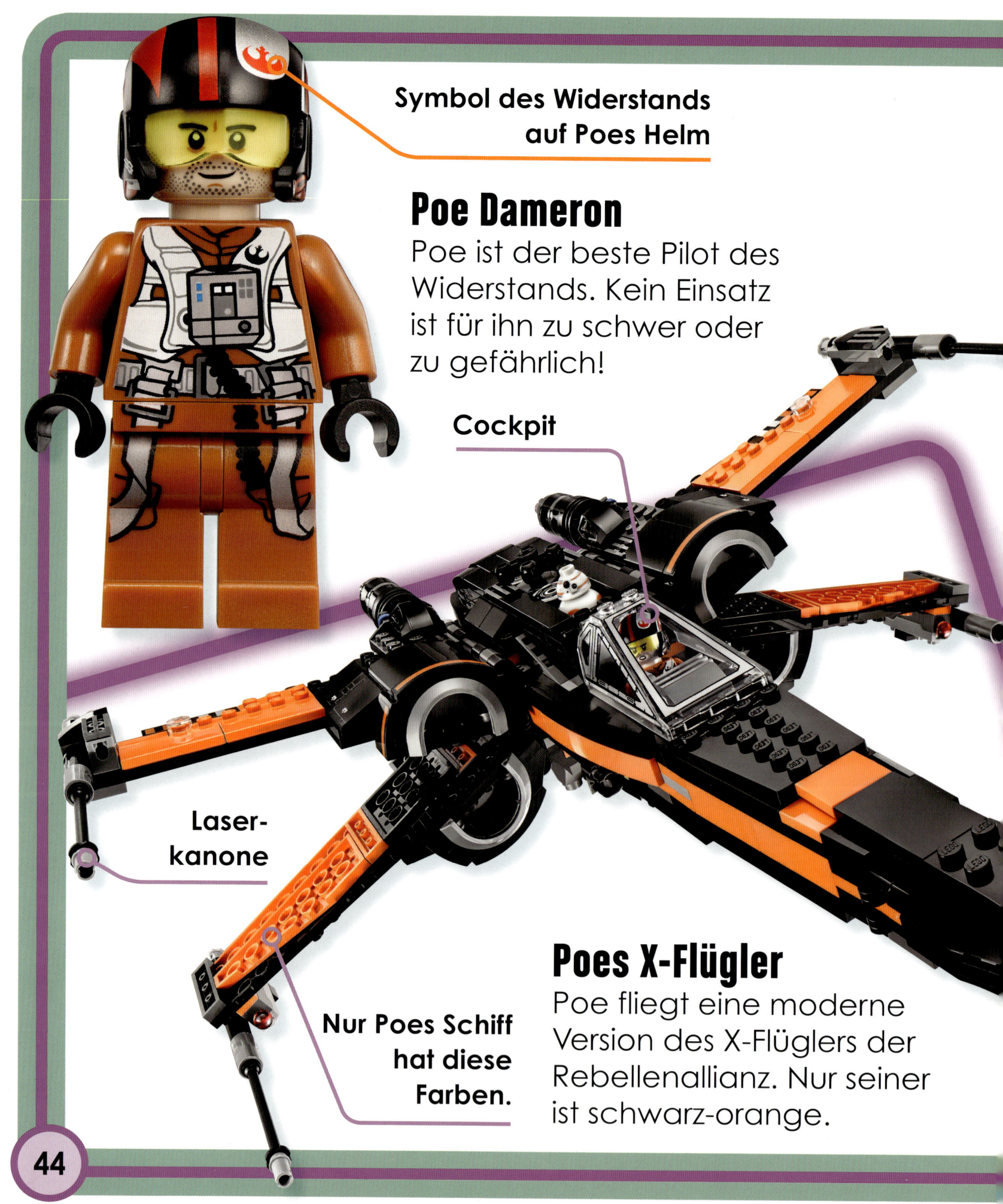

Symbol des Widerstands auf Poes Helm

Poe Dameron

Poe ist der beste Pilot des Widerstands. Kein Einsatz ist für ihn zu schwer oder zu gefährlich!

Cockpit

Laserkanone

Nur Poes Schiff hat diese Farben.

Poes X-Flügler

Poe fliegt eine moderne Version des X-Flüglers der Rebellenallianz. Nur seiner ist schwarz-orange.

TAPFERER WIDERSTAND

General Leia Organa
General Organa führt den Widerstand gegen die Erste Ordnung an. Sie gehörte schon zu den Rebellen, die das Imperium besiegten.

Finn
Finn war ein Sturmtruppler der Ersten Ordnung, aber er flüchtete und schloss sich dem Widerstand an. Nun tritt er für das Gute ein!

Die Jacke ist von Poe geborgt.

1 Welche Farbe hat Mace Windus Lichtschwert?

2 Wer war Darth Sidious' erster Schüler?

3 Von welchem Planeten stammen die Gungans?

4 Zu welcher Form können sich Droidekas einklappen?

5 Was für ein Wesen ist das?

6 Wie heißt der Droide, den Anakin Skywalker gebaut hat?

7 Welche Kreatur versteckt sich unter Tatooines Wüstensand?

8 Welche Farbe hat das Gewand der imperialen Gardisten?

9 Wie nennt man spezielle Sturmtruppler, die auf Eiswelten eingesetzt werden?

10 Wer ist das?

11 Was für ein Schiff fliegt Darth Vader?

12 Wie heißt der Anführer der Kanjiklub-Bande?

13 Welcher Sternenjäger der Rebellen hat vier Laserkanonen?

14 Wer ist das?

15 Wem gehört der *Millennium Falke*?

16 Welcher Läufer hat sechs Beine?

17 Wie nennt man die pelzigen Reittiere der Rebellen auf Hoth?

18 Wo ist Luke Skywalker aufgewachsen?

19 Wie heißt die Schrottsammlerin von Jakku?

20 Wer kann bei der Ersten Ordnung sehr gut mit seinem Lichtschwert umgehen?

Die Antworten findest du auf Seite 48.

Antworten zum Quiz auf Seite 46 und 47

1. Lila
2. Darth Maul
3. Von Naboo
4. Zu einer Kugel
5. Ein Jawa
6. C-3PO
7. Der Sarlacc
8. Rot
9. Schneetruppler
10. Prinzessin Leia
11. Einen TIE-Turbojäger
12. Tasu Leech
13. Der X-Flügler
14. IG-88
15. Han Solo
16. Der AT-TE
17. Tauntauns
18. Auf Tatooine
19. Rey
20. Kylo Ren

DK dankt Sam Bartlett für die Hilfe bei der Gestaltung, Randi Kirsten Sørensen, Paul Hansford, Martin Leighton Lindhardt und Heidi K. Jensen von der LEGO Gruppe und Jennifer Heddle von Lucasfilm.

Lektorat David Fentiman, Paula Regan, Julie Ferris, Simon Beecroft
Gestaltung und Bildredaktion Jo Connor, Guy Harvey, Lisa Lanzarini
Herstellung Siu Chan, Lloyd Robertson

Für die deutsche Ausgabe:
Programmleitung Monika Schlitzer
Projektbetreuung Christian Noß
Herstellungsleitung Dorothee Whittaker
Herstellungskoordination Katharina Schäfer
Herstellung Claudia Bürgers, Evely Xie

Titel der englischen Originalausgabe: The Amazing Book of LEGO® Star Wars™

© Dorling Kindersley Limited, London, 2017
Ein Unternehmen der Penguin Random House Group
Alle Rechte vorbehalten
Seitengestaltung © 2017 Dorling Kindersley Limited.

LEGO, the LEGO logo, the Brick and Knob configurations and the Minifigure are trademarks of the LEGO Group. © 2017 The LEGO Group. All rights reserved. Manufactured by Dorling Kindersley under licence from the LEGO Group.

© & TM 2017 LUCASFILM LTD.

© der deutschsprachigen Ausgabe by Dorling Kindersley Verlag GmbH, München, 2017
Alle deutschsprachigen Rechte vorbehalten
1. Auflage, 2017

Jegliche – auch auszugsweise – Verwertung, Wiedergabe, Vervielfältigung oder Speicherung, ob elektronisch, mechanisch, durch Fotokopie oder Aufzeichnung, bedarf der vorherigen schriftlichen Genehmigung durch den Verlag.

Text David Fentiman
Übersetzung Marc Winter
Lektorat Hans Kaiser

ISBN 978-3-8310-3253-2

Druck und Bindung Leo Paper Products, China

Besuchen Sie uns im Internet
www.dorlingkindersley.de
www.LEGO.com/starwars
www.starwars.com